高校陈列馆与实物虚拟化表现教学

陆小赛　著

ZHEJIANG UNIVERSITY PRESS
浙江大学出版社

图书在版编目（CIP）数据

高校陈列馆与实物虚拟化表现教学/陆小赛著. —杭州：浙江大学出版社，2019.1
ISBN 978-7-308-18469-4

Ⅰ. ①高… Ⅱ. ①陆… Ⅲ. ①高等学校－展览馆－教学工作－研究 Ⅳ. ①G26

中国版本图书馆CIP数据核字(2018)第179483号

高校陈列馆与实物虚拟化表现教学
陆小赛 著

责任编辑 李玲如
责任校对 孙 鹂
封面设计 雷建军
出版发行 浙江大学出版社
（杭州天目山路148号 邮政编码310007）
（网址：http:// www.zjupress.com）
排 版 杭州好友排版工作室
印 刷 浙江海虹彩色印务有限公司
开 本 710mm×1000mm 1/16
印 张 13.75
字 数 198千
版 印 次 2019年1月第1版 2019年1月第1次印刷
书 号 ISBN 978-7-308-18469-4
定 价 60.00元

浙江大学出版社市场运营中心联系方式：0571-88925591；http://zjdxcbs.tmall.com

前　言

当前，大部分城市中的博物馆是一个独立机构，以收藏为主，兼有教育与研究功能。本书则记录了一个高校设计文化陈列馆的成立与发展历史，探索校内陈列馆与专业教学相结合的方法与理论。

对陈列馆及其中的收藏品进行虚拟化表现，是当前传统艺术品的一种新型保护模式，基于实物传承传统文化也成为当代艺术设计专业教育的文化素养要求。

虚拟化技术拓展了人们与传统艺术品的交流方式，学习虚拟化表现软件也成为当前艺术设计专业教育的技能要求。

我们利用传统艺术品作为一个载体，尝试实物研究与表现技法教学相结合，推动师生一同成长。

| 目 录 |

第一章　博物馆教育与专业教学…………………………… 1

第二章　陈列馆设计发展与教学实践…………………… 5

　　第一节　陈列馆建设与形成　………………………… 6

　　第二节　陈列馆收藏品简介　……………………… 14

　　第三节　陈列馆与专业课程结合的教学情况　…… 29

　　第四节　陈列馆藏品虚拟表现软件使用及其成果　31

第三章　陈列馆实物虚拟化表现教学……………… 51

　　第一节　内涵　……………………………………… 51

　　第二节　基本观点　………………………………… 53

　　第三节　教学目标　………………………………… 55

　　第四节　教学方式　………………………………… 55

　　第五节　教学组织与设计　………………………… 57

第四章　陈列馆收藏品……………………………… 61

| 附件 |…………………………………………………… 206

　　| 参与实物虚拟化表现教学的班级与学生名单 |　206

　　| 图版索引 |　……………………………………… 207

　　| 表格索引 |　……………………………………… 212

　　| 参考文献 |　……………………………………… 213

第一章　博物馆教育与专业教学

1905年中国近代第一个公共博物馆——南通博物苑建立，它以公众教育为宗旨。20世纪60年代以后博物馆作为社会教育场所在教育中发挥了重要作用，逐渐形成了“因人施教”的教育理念。1988年在北京成立的专业学术团体“中国博物馆教育学会社会教育专业委员会”推动着博物馆教育事业的发展。20世纪90年代，中共中央、国务院颁布的《关于深化教育改革　全面推进素质教育的决定》明确指出：“各类文化场所（博物馆、科技馆、文化馆、纪念馆等）要为学生提供优秀的精神产品，向学生免费或优惠开放，为学校素质教育创造条件。”当前，人们普遍认为，博物馆社会教育是学校教育之后的第二教育系统，是校内正规课堂以外的第二课堂。2007年，国际博物馆协会代表大会在奥地利维也纳召开，会议首次将“教育”作为博物馆的第一功能。会议认为，博物馆的主要任务是“以教育、研究、欣赏为目的进行征集、保护、研究、传播，并展出人类及其环境的物质及非物质文化遗产”。

当前，博物馆教育活动如何具体开展，是我们关注的一个重点。

美国的博物馆教育活动开展得较早。1921年哈佛大学的博物馆学家保罗·萨克斯设立了全美第一个博物馆课程(Museum Course)，其课程目标是“让学生通过接触艺术作品原作，在博物馆中学习和研究，使他们未来能成为评论员、艺术教师、研究员甚至博物馆馆长”。这是美国历史上第一次关于博物馆课程的实践。1984年出版的《新世纪的博物馆》(*Museums for a New Century*)（CMNC，1984）就明确提出：“若典藏品是博物馆的心脏，教育则是博物馆的灵魂。”当今美国的博物馆与学校合作得非常深入，目前已经成立了一些博物馆学校，如加利福尼亚科学中心学校。博物馆学校通过学区与博物馆的伙伴关系，共同设计、实施教学项目。一方面，它将许多课程设立在博物馆内，由博物馆组织课程、指导讲演、培训教师、设计课程讲义、提供教学资源、编写教材；另一方面，学校在相应博物馆的支持下在校内建立博物馆。因此，博物馆学校整合了学校和博物馆两种文化机构的优质资源。

英国的艺术博物馆教育活动开展得较为成熟，其国家艺术与设计课程已成为国民教育体系的一部分。1969 年，英国成立了“博物馆教育圆桌组织”，专门研究博物馆教育的教学理论与方法；1973 年，英国发行了《博物馆教育期刊》；1988 年，英国又制定了“国家课程”（National Curriculum），明确地指出博物馆教育可与学校课程连接，使得参观博物馆的人数大增。至今，作为世界上最重要的艺术设计史博物馆之一的英国国立维多利亚与艾尔伯特博物馆还配合国家“艺术与设计”课程指标，开发了适合不同阶段学生的学习手册；该馆超过 80% 的参观者为学校团体。1999 年，英国国家教育与就业部推出了“博物馆和美术馆教育计划”，65 个博物馆服务于学校的项目在全国推开。2000 年，英国国家教育与就业部与国家文化传播体育部联合发表了《博物馆的学习能量——博物馆教育观察》计划，并界定了该计划的实施目标与范围，因此，各博物馆也相应建立了大量馆藏品的教学说明材料，并将课堂教学引入日常生活，这极大地推进了国家课程的实施。2012 年，英国教育部提议艺术课程成为 14~16 岁学生学习的基础课程。

可以说，围绕艺术与设计藏品课程的开发已经成为发达国家教学实践的一项重要内容。

当前，博物馆教育中课堂教学层面的微观操作日益为学界所关注。我国一些相关的主要著作有《如何规划博物馆教育活动》（施明发，2000）、《博物馆专业人员教育与人力资源管理学术研讨会论文集》（李明珠，2004）、《博物馆社会教育新视域》（北京博物馆学会，2009）。在国外，2003年德国斯普林格出版社（Springer-Verlag）出版的*Researching Visual Arts Education in Museums and Galleries:An International Reader*（Maria Xanthoudaki，Les Tickle and Veronica Sekules，2003）以读者的国际视角关注博物馆、画廊中的视觉艺术教育问题，美国劳伦斯大学出版社（L.Erlbaum Associates）出版的*Challenging the Classroom Standard Through Museum-based Education : School in the Park*（Lan Pumpian, Douglas Fisher and Susan Wachowiak，2006）关注博物馆基础教育的课堂标准问题，英国劳特利奇出版社（Routledge）出版的*Museums and Education : Purpose，Pedagogy，Performance*（Eilean Houper-Greenhill，2007）讨论了博物馆教育中的目标、教学法与成果表现三者之间的关系。可以说，博物馆中的教学活动本身就已经成为当前的研究热点。

总体而言，国内馆校结合的教育方式还没有真正融入国民教育体系，高校内部博物馆普遍重视藏品的展览、展示，但与其相配套的教育和教学项目还不够丰富。我们希望将高校博物馆与艺术设计专业内涵建设相结合，以“实物虚拟化表现”项目为切入点，在实践中提升教学方法，从而为博物馆教育，尤其为高校博物馆教育积累一些经验。

需要说明的是，本书实践部分中的博物馆实际指的是传统艺术设计作品的陈列馆。

第二章　陈列馆设计发展与教学实践

艺术设计是一门建立在多学科基础上的边缘性学科，要充分考虑社会、经济、科技、文化等综合因素。艺术设计注重艺术与工程技术、艺术与人类文化的高度统一，它既要满足人们的物质需要，又要满足人们的精神需要。

艺术设计专业的陈列馆建立的目的是收集传统艺术设计作品，利用收藏品本身富含的传统设计理念影响师生（图 2-1）。

体验是艺术表现的起点，是获得表现对象的艺术手段的重要途径和依据，在教学中，让学生置身在陈列馆中，直接面对收藏品，在体验中感受传统文化，在理解中分析古代艺术设计的精髓，为创作中灵活运用传统元素提供必要的前提。

图 2-1　早期陈列馆

摄于 2010 年 9 月

图 2-2　模型实验间阶段
摄于 2008 年 6 月

第一节　陈列馆建设与形成

陈列馆建设主要经历了五个阶段。

1. 单一的模型实验间阶段。我们教师的收藏活动起源于 2000 年，开始时只是出于每个人各自的爱好。2003 年以后，在一些课程的教学过程中,为了让学生更深入地理解一些知识，教师就常将家里的藏品拿到学校，在课堂上展示给学生，有时还将一些明清家具提供给学生做模型样品。之后，为了方便使用，也将一些藏品临时放在专业模型实验间。这一阶段，模型实验间的建筑面积极小（图 2-2）。

2. 教学楼艺术走廊阶段。教学楼原有的艺术走廊一边为玻璃幕墙，为避开太阳光的西射，就用铝纸、木料和木工板隔挡，还外加一层米黄色麻布；另一边则是砖墙与铝合金窗。每至夏日，虽然做了隔板，阳光不能直射，但还是很热，总是透着一股“闷”味，于是教师去市场买了四个陶质大水缸与几盆绿色

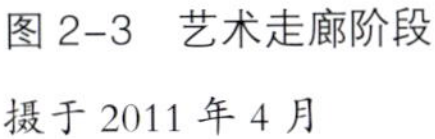
图 2-3　艺术走廊阶段
摄于 2011 年 4 月

植物，还在平时下班时，和几个学生一起，将原有的花岗岩地面用拖把打湿，以在一定程度上增加空气湿度。后来，植物养护不方便，多数植物凋零后就不再增添了（图 2-3）。

3. 画室改展厅阶段。由于夏天和秋天艺术走廊的空气湿度太过干燥，2011 年遂将藏品移到艺术走廊边的一间闲置画室。

4. 陈列展示馆阶段。2012 年，打通走廊与画室之间的隔墙，陈列馆面积增加到 400 平方米，并招标进行了装修；2013 年增添了吸尘器、加湿器，预埋空调管；2014 年又安装了吸顶式空调（图 2-4）。

5. 陈列馆工作室阶段。2018 年，将艺术设计工作室与陈列展示馆相结合，打通了原有的隔墙，方便工作室里的师生进入原有陈列馆空间。

结合参观与教学活动的需求，以收藏品风格、年代特征为主要依据，我们将陈列馆大体划分成大厅（图 2-5）、宋式风格间（图 2-6）、明式风格间（图 2-7）、清式风格间（图 2-8）、民国风格间（图 2-9）、北方风格间（图 2-10），以及礼堂区（图 2-11）、中堂区、书房区、琴房区，建筑构件散布其中，详见陈列馆平面布置图（图 2-12）。

图 2-4　陈列展示馆阶段

图 2-5　陈列馆大厅

图 2-6　宋式风格间

图 2-7　明式风格间

图 2-8　清式风格间

图 2-9　民国风格间

图 2-10 北方风格间

图 2-11 礼堂区

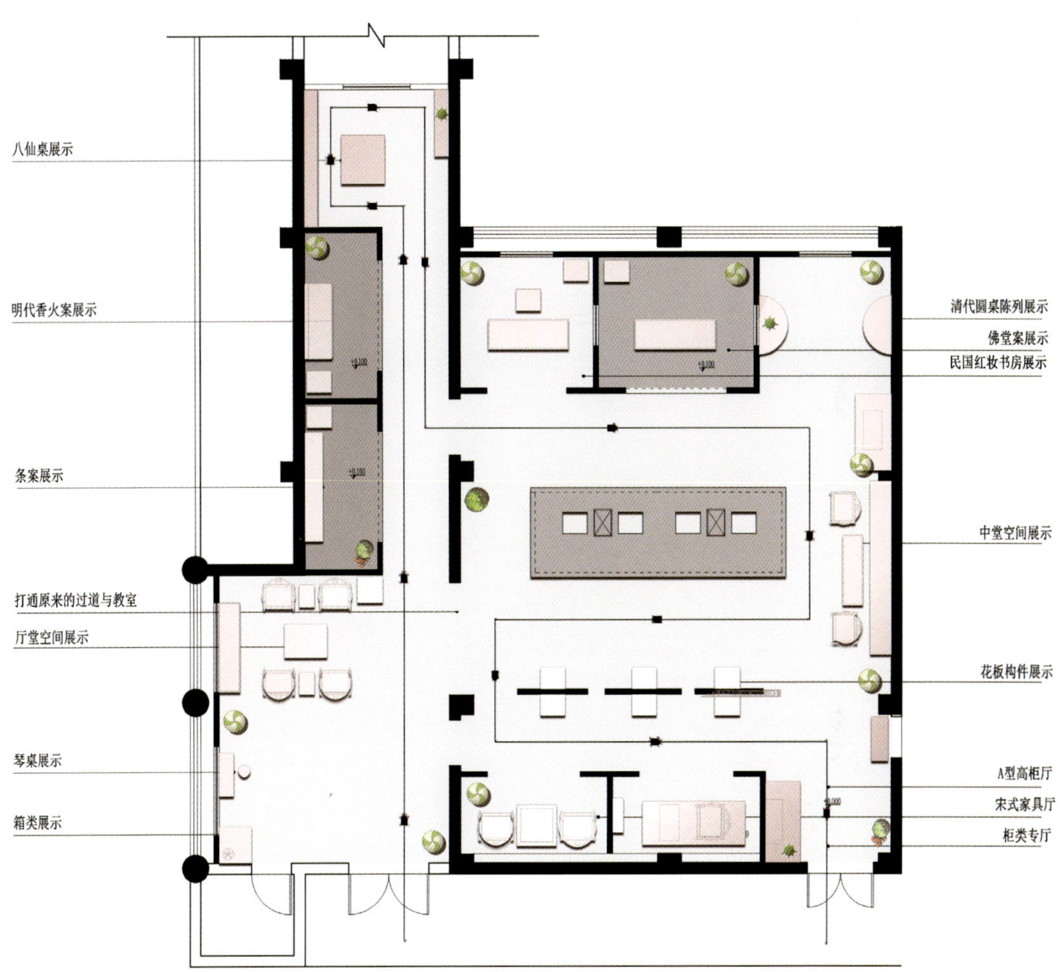

图 2-12　陈列馆平面布置示意

陈列馆另配三间收藏室，这三间不对外开放，主要用于陈列一些小件的收藏品，供专业研究者使用。

第二节　陈列馆收藏品简介

陈列馆藏品的收藏，在刚开始的时候，纯粹是出于教师爱好，不成体系。但随着时间的推移，教师的爱好也多出于专业影响范畴。艺术设计专业教师多爱好传统设计作品。在 2012 年时，我们初步确定以建构“设计文化陈列馆”为目标。

目前的收藏品主要是宋代之后的建筑设计类物品，其中明确纪年的收藏品有“至元壬辰闰月”款石质飞天香炉(图 2–13)、“天启元年”款木胎皮箱（图 2–14）、“康熙丁丑”款木质香炉（图 2–15）、“民国廿四年”款木纹漆大柜（图 2–16）。虽然有一些古代瓷器，但由于瓷器容易摔破，后来也不敢轻易展出。

牛腿、雀替是浙江古建筑中的代表性构件，正因为如此，牛腿、雀替是陈列馆的主要藏品，如馆藏品“清末牛腿”（图 2–17）与“清初雀替”（图 2–18）。其中，牛腿是梁、楼板下从柱子斜伸出的支撑构件，又称“撑栱”，主要是为了更好地遮风蔽雨，可以加大屋顶出檐；同时将上方的重力通过牛腿传到檐柱；常与其他构配件组成一个完整的受力体系与造型体系，包括挑梁、瓜柱等，其主要装饰面为侧面。雀替是一种置于额枋下与柱相交处，以加强额枋和减少跨距的构件。明代中期以前，广泛利用丁头栱。至明晚期时，丁头栱又被我们现在常称的雀替所替代，即雀替被雕成一种装饰物品，以双翼的表现手法附于柱头两侧，其轮廓曲线与月梁、柱子相互影响并富于变化，像一对翅膀在柱的上部向两边伸出，一种生动的形式随着柱间情况而改变，极富装饰趣味，为结构与美学相结合的

图 2-13　馆藏“至元壬辰闰月”款石质飞天香炉

图 2-14　馆藏“天启元年”款木胎皮箱

图 2-15　馆藏“康熙丁丑”款木质香炉

图 2-16　馆藏“民国廿四年”款木纹漆大柜

图 2-17　馆藏清末牛腿

图 2-18　馆藏清初雀替

产物。明代建筑中工艺最多、题材装饰最丰富的构件是雀替。目前陈列馆收藏有八对雀替，包含明代四对。

明清门扇多用于厅堂建筑内部，起间隔作用。其结构有格芯板（图 2–19）、束腰板（图 2–20）、裙板等。门扇装饰纹样非常丰富、品种多样，目前陈列馆收藏有四套门，包含明式两套（图 2–21）。

图 2–19　馆藏清晚期门扇雕花格芯板

图 2-20　馆藏明末清初门扇雕花束腰板

图 2-21 馆藏明式门扇

在陈列馆的收藏品中，传统家具最多，包含有宋元风格家具（图 2–22）、明式家具、清式家具以及民国家具。明式家具线条明快、简洁、简练、大方，点缀少量装饰（图 2–23）。清式家具造型较为庄重，雕刻装饰比较突出，在体量上恢宏宽大，与明代的清新朴素相异，体现一种富丽堂皇、庄严稳重的风格。在造型方面，明式家具简练优美，讲究严密的比例关系和适宜的尺度，在此基础上与使用功能紧密地联系在一起，力求达到功能与形式的完美结合。清式家具的骨架较为粗壮结实，方直造型多于明式曲圆造型，题材生动且富有变化，装饰性强，整体大方而局部细腻入微（图 2–24）。

图 2–22　馆藏宋式家具（椅子）

图 2-23 馆藏明式家具
（椅子）

图 2-24 馆藏清式家具
（椅子）

本陈列馆的收藏品中有件家具可以作为中西方艺术文化交流的代表。清代前期，西方上流社会颇喜欢中国传统家具，法国著名家具设计师齐彭代尔借鉴中国明式家具特点，设计了一些具有“中国风格”的家具（图 2–25），当时欧洲第一次兴起的这类“中国风”家具款式，与本陈列馆藏品非常相似，两者在椅面束腰、环、牙角、环、直线、管枨方面都存在大量的相似之处（图 2–26）。明末清初，西方国家在建筑、园林、室内装饰、家具等领域曾一度掀起中国风。

古代无名设计师作品是现代居民实际使用的活文物。大量的古建筑构件、家具、绘画雕刻品、陶瓷等是古代生活的集中载体，体现了丰富的传统文化底蕴。这些对象之间又相互联系、相互影响，其设计从单体到整体、再到社会背景共同构成了有机整体。陈列馆中的物质收藏品与非物质文化遗产都可以成为教学内容。为此，号称“古建筑的眼睛”的匾额也成为我们收藏的一部分。本馆收藏的匾额有“莲花贝叶”书房匾、两面“学士”牌楼匾、“保我黎民”匾（图 2–27）。

另外，明代家具中的大漆工艺比较有特色。陈列馆收藏有北方大漆大家具三件，其中包含有连二橱（图 2–28、图 2–29）。

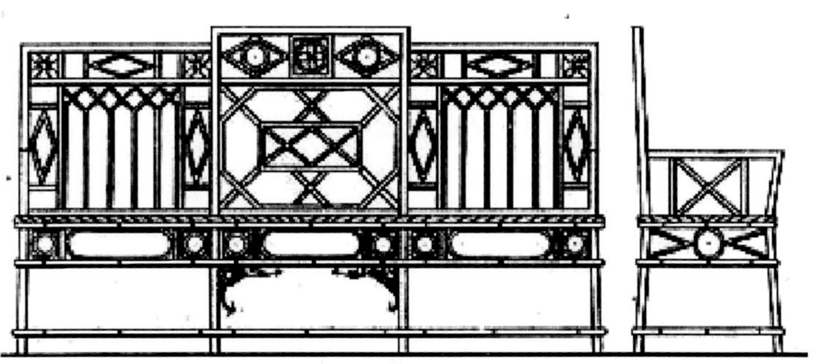

图 2–25　法国家具设计师齐彭代尔仿中式家具

图 2-26　馆藏明式家具

图 2-27　馆藏“保我黎民”匾

图 2-28　明代大漆家具（连二橱）

图 2-29　连二橱大漆桌面

第三节　陈列馆与专业课程结合的教学情况

在课程中如何利用陈列馆及其收藏品一直是个问题，在长期的实物研究与教学实践中，我们深感研究与教学既相互联系又有区别，在总结经验和探索的基础上，我们提出陈列馆实物与艺术设计专业教学相结合的主要切入点表现为五个方面：一是视觉性，即利用实物的直观性特点，让人们在陈列馆中直接感受古代设计文化。二是结构性，对部分家具进行拆装演示，探索传统家具的卯榫结构。三是主题性，如对古建筑构件与家具中的纹样进行描绘归类。四是整合性，在一些软件技能课程中，将各种信息表现技术应用于收藏品的虚拟再现。五是融合性，将陈列馆的设计理念和设计效果也纳入学习内容，既要关注收藏物，又要关注收藏物本身的生存环境，还要关注不同实体之间、实物与环境的关系，这种多维度的融合学习是一个教学难点。

其中，实物的视觉性与结构性是重要的教学内容，主题性挖掘是教学设计的一个重要切入点，整合性则表现为实物教学与其他教学内容的一种磨合，融合性则是陈列馆中的实物、环境、教师、学生之间的互动与相互影响。

虽然如此，我们在课程改革与陈列馆教学方面还是走得较慢，2003 年以前，主要限于教师内部交流，部分使用在模型制作课程中；2008 年扩展到家具设计课程；2012 年扩展到制图基础；2015 年扩展到效果图课程；2017 年扩展到材料工艺课程。课程改革缓步进行的思路主要基于两个判断：一是教学成果，二是教学进程。

1. 从教学成果来看，陈列馆收藏品再现作品类型很多，包括素描性的三维图、分析性的三视图、想象性的结构图、综合性的视频与互动性的 VR。在教学实践中，这些作品类型不会直接出现在一门课程中，它应该结合不同的表现技法分布在不同的年级教学阶段及其课程层次当中。因此，实物性教学必须与表现技能教学相结合。

纯粹直接利用实物来教学有很强的局限性：一是学生对实物的直接感知的时间很短，一时的新鲜感不能支撑长久的专业教学；二是在陈列馆现场，传统的手绘、拍照等教学手段难以达到专业教学目标。

2. 从教学进程来看，一般的教学过程及其成果表现方式有以下五种：一是摄影记录，即以摄影的方式记录素材的真实面目。艺术考查中的摄影记录不以艺术摄影为目的，主要是为了收集和整理相关采集的素材，为回到电脑面前进行临摹创作打下基础。二是速写，即采用纸、笔画出所见事物。三是文字表达，用文字的方式记录和表达考察过程中的所思所感，这需要随时作艺术随笔。四是电脑中临摹。五是记录收获与体会。在整理整个学习过程的基础上，进行完整的总结。将速写、摄影、电脑作品进行整理提炼，做成汇总材料。

为此，结合陈列馆收藏品进行主题性教学是经常使用的一种方法，它适用于各个层次阶段。一般情况，考虑安全问题，在陈列馆内的主题性探索总体工作流程为：从收藏品的传统元素入手，通过手绘原样或直接拍摄，调查挖掘其艺术文化内涵。可以从古建筑构件类型、家具品种、装饰纹样风格、工艺符号等角度确定教学主题，确定主题是教学计划中的第一步。

因此，从整个主题性教学进程来看，艺术设计类专业课程的组织在某种程度上就是不同主题的组合，结合实物的专业教学必须有一个相对应的课程体系。

第四节　陈列馆藏品虚拟表现软件使用及其成果

相比以前的手绘与拍照，使用现代信息化设计表现软件也成为我们教学的一个重点内容，通过师生一起参与“数字化呈现收藏品”这一活动过程，让师生更深入地了解传统艺术，掌握设计软件技能。更为关键的是，表现软件所产生的视觉艺术作品既增加了学习成就感，也增强了学生的学习自信心。

经过几年的教学实践摸索，表现三视图的主要软件为Autocad，表现外观效果图的主要软件为草图大师Sketchup，表现综合性视频与互动VR的主要软件为Twinmotion，宣传排版性的主要软件为Indesign及部分360°图像发布平台。为了应用以后的参数化表现，以后结构工艺课计划引入软件Revit。

这些表现软件穿插在不同的课程之中，而在不同课程中穿插这些表现软件的因由与经历是不同的。

2006年、2007年，艺术设计专业有许多古建筑设计作业，学生外面采风归来后常画一些Autocad建筑表现图，从教学效果上看，学生在画图中经常会发现考察古建筑时漏掉了许多细节信息，来回观看不方便（图2–30）。

2008年，艺术设计专业将家具设计作为一门独立课程，学生将陈列馆收藏家具作为案例来练习。当时是采用Autocad软件制作的三视图（图2–31），有许多学生的素描很难直接转化为三视图（虽然取得一定效果，但后来还是改为3dsmax直接制作三维效果图，但其软件要求高，2016年时改为草图大师Sketchup）。该软件可以将画好的三维图直接转化为三视图（图2–32）。

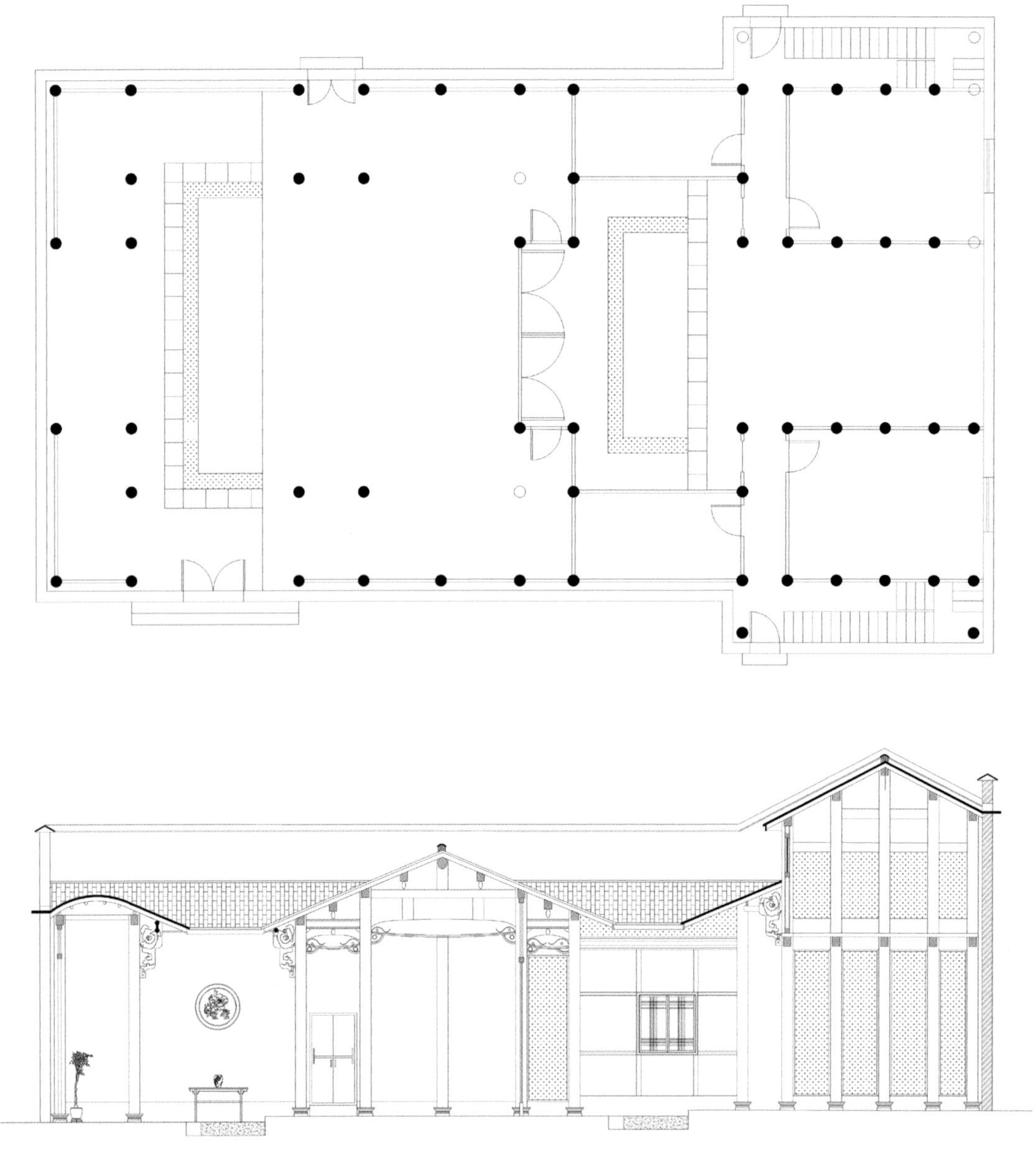

图 2–30　外出采风的古建筑表现

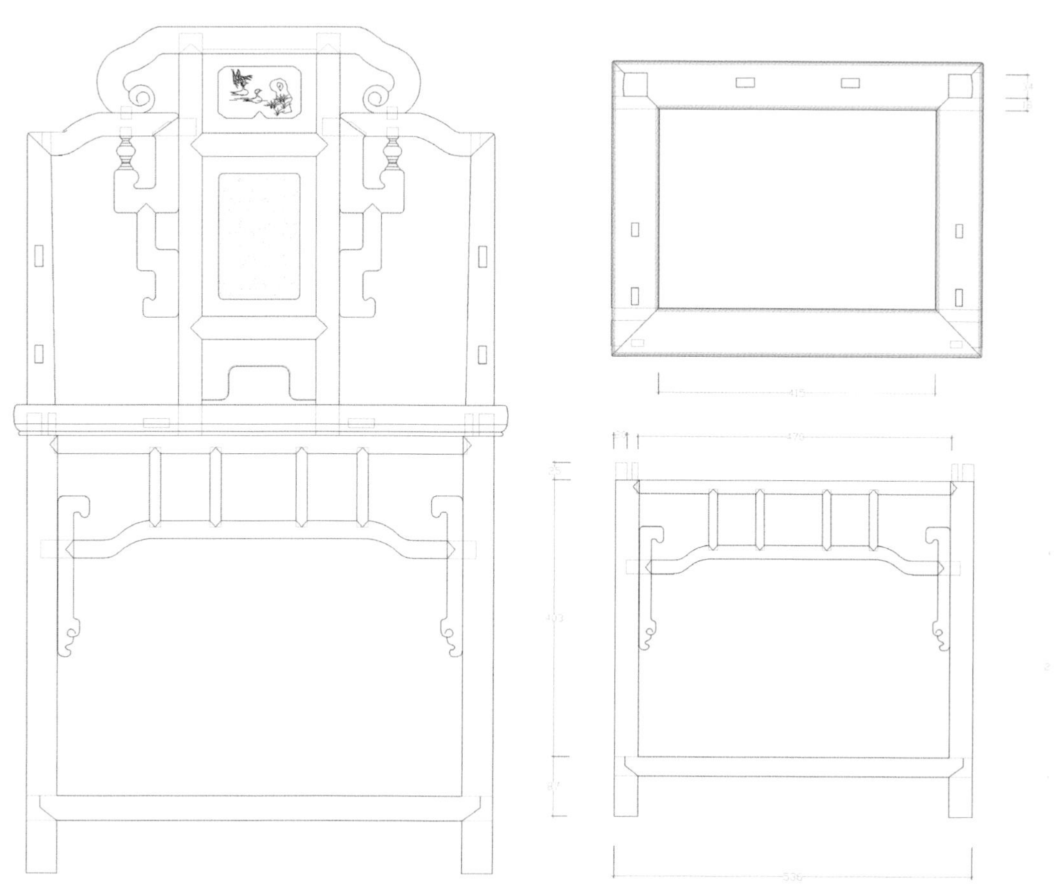

图 2-31　馆藏清式太师椅家具设计三视图表现

图 2-32　馆藏官帽椅由三维图直接转化为三视图项目

2012 年，将陈列收藏品引入二维制图基础课程，利用 Autocad 技术直接表现收藏品的三视图。后来为了提高教学效果，2016 年不采用成角度的素描法，而用三视图拍照法，将拍出的三视图照片直接导入 Autocad 进行直线、曲线描图（图 2–33、图 2–34）。

2015 年，将陈列收藏品引入三维效果图课程。

2016 年以前，在材料工艺课程中，练习家具结构时，我们将家具拆开，展示出所有构件供学生观察，但这种方法有损收藏品（图 2–35）。于是在 2017 年，我们引入草图大师 Sketchup 软件，将结构作为一种建模表现作品（图 2–36、图 2–37）。

2018 年，将整个陈列馆作为项目引入虚拟表现（图 2–38、图 2–39），并在室内设计课程中实施。为了加强互动能力，增加了一些综合性视频与互动 VR 制作，其主要软件为 Twinmotion。我们将草图大师 Sketchup 模型导入 Twinmotion 制作 360° 全景图（图 2–40）、VR 虚拟体验（图 2–41）及手机分布（图 2–42）。

总体而言，Sketchup 建模成为关键，它既可以导出三视图，又可以导出效果图渲染。学生对 Sketchup 软件的虚拟表现进行总结汇报也就成为一项重要的教学成果（图 2–43、图 2–44、图 2–45）。图 2–46 为 Sketchup 软件三视图、剖面图与效果图的综合排版作品。

图 2-33　馆藏家具门制图基础三视图表现

图 2-34　圈椅三视图表现

在该练习项目中，首先对圈椅拍正视图与侧视图，然后导入Autocad软件，再运用Autocad直接与弧线命令进行绘制，其中，为了取得弧线之间的光滑过渡效果，画弧线时需要注意：下一弧线起点就是上一弧线末点，并继承其切线方向，即采用两击空格方法。

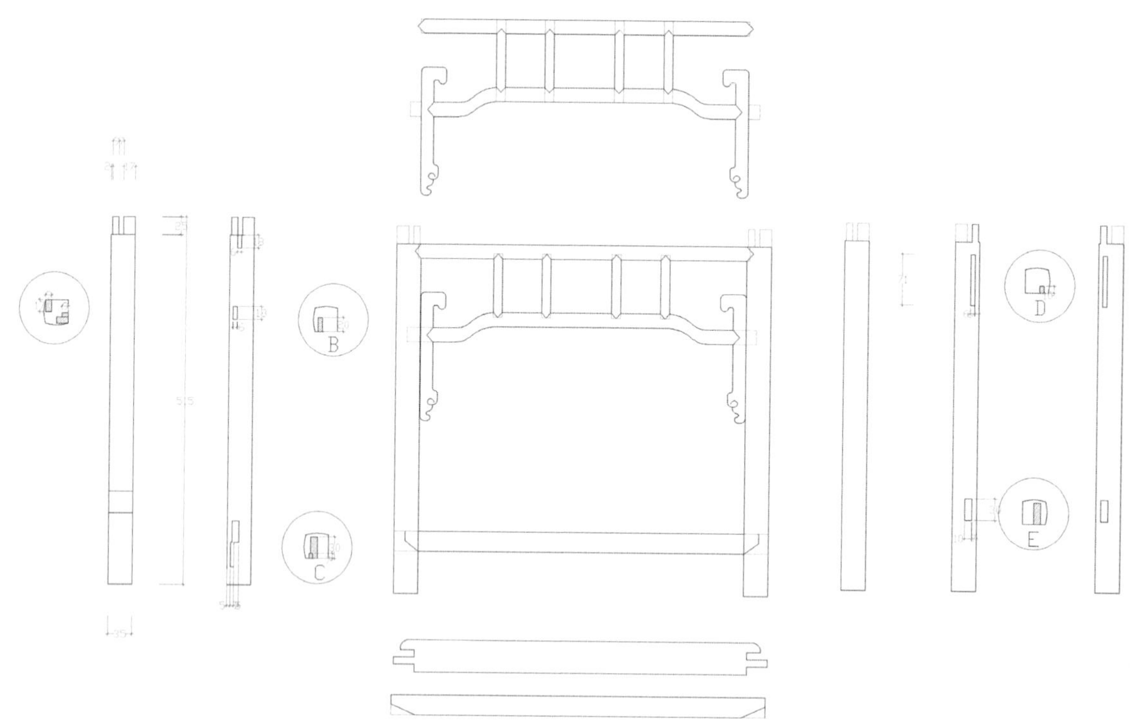

图 2-35　馆藏清代太师椅材料工艺课程设计图纸

图 2-36　以馆藏方桌家具为基础的 Sketchup 效果图课程项目图纸

Sketchup 草图大师软件是一款绘图软件，可以快速和方便地创建、观察和修改。它是一款表面上极为简单，实际上却蕴含着强大功能的构思与表达的工具。

图 2-37　以馆藏官帽椅为基础的效果图课程项目图纸

图 2-38　以陈列馆为对象的室内设计课程项目练习图纸

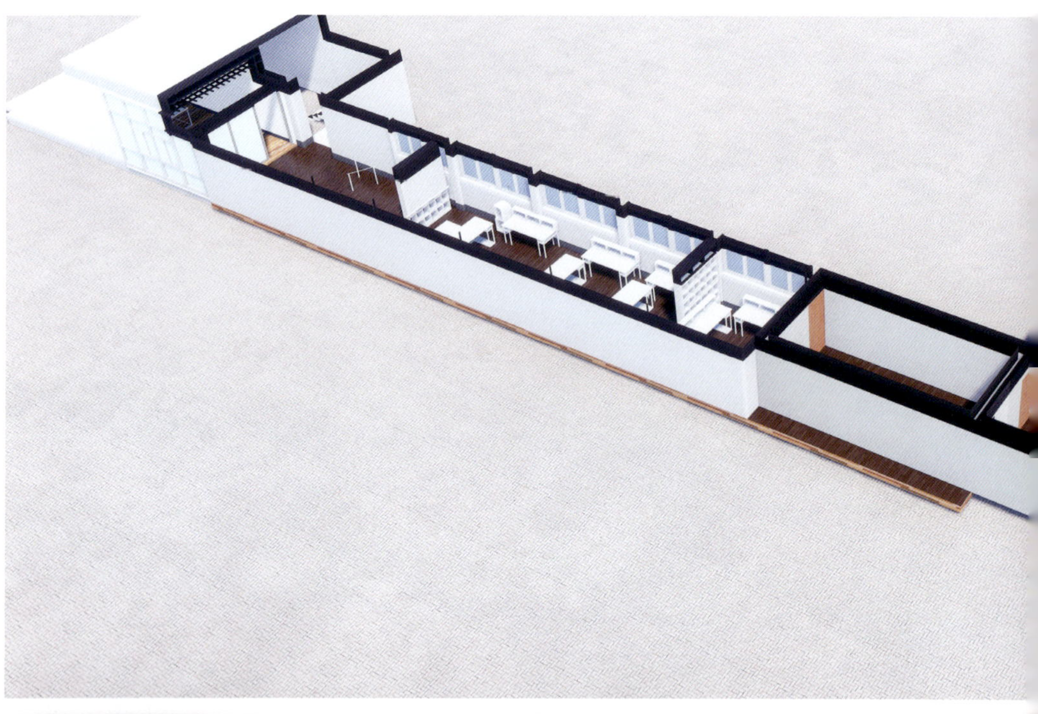

图 2-39　以陈列馆为对象的 Twinmotion 课程项目练习图纸

Twinmotion 是当今简单、快速、直观和具创新性的实时渲染和3D 交互软件。它采用著名的虚幻引擎(Unreal engine) 作为主核引擎，使 Twinmotion 具备更强大的渲染能力和兼容性。通过 Twinmotion 软件可以导出静态图片、360° 全景图像、动画以及 Bimmotion。

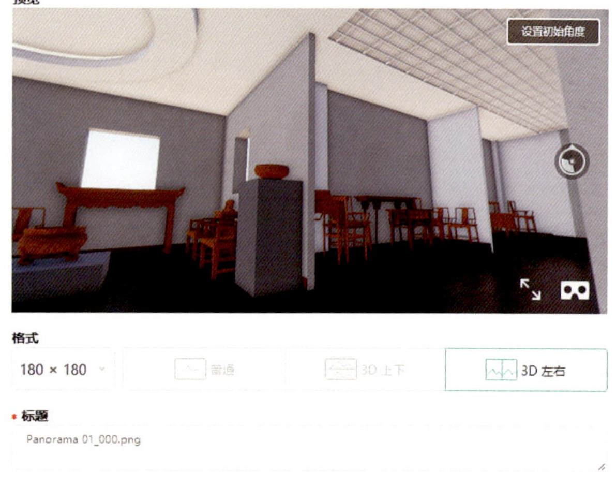

图 2-40　以陈列馆为对象的 360° 全景图

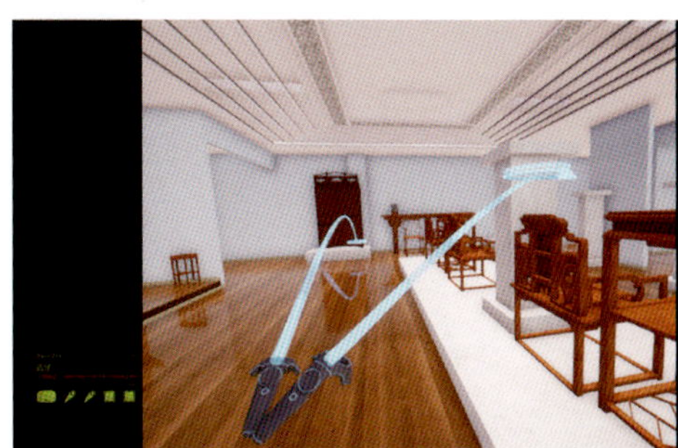
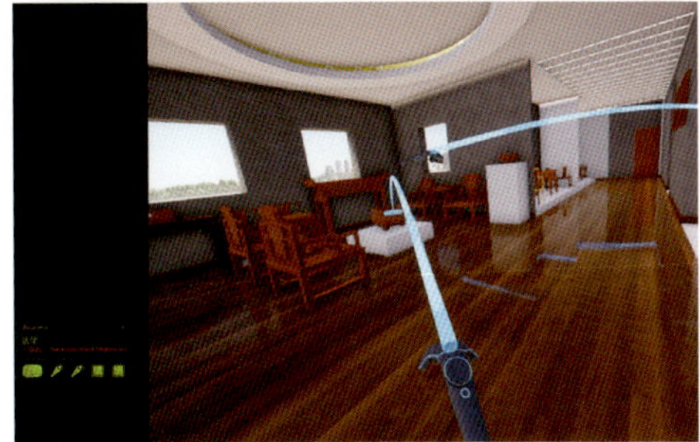
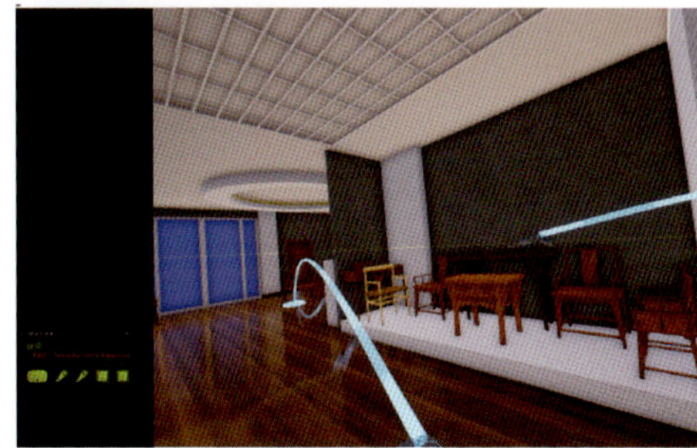

图 2-41　陈列馆 VR 虚拟体验 Htv vive

图 2-42　陈列馆 VR 手机 VEER 平台分享

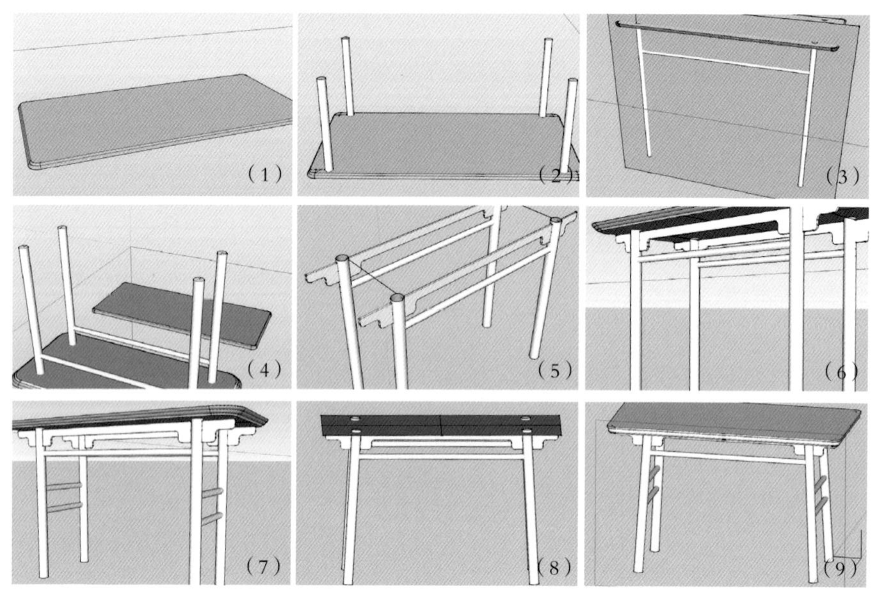

学生虚拟表现馆藏桌子的总结汇报（基于 Sketchup 软件）

（1）建立一个 2000mm×700mm 的矩形，先做桌面四个角，在各个顶点向两边各建立 50mm 的线段，用弧线工具在建立的两线端点建立正切到边的弧线，保证四个弧线大小一致。

建立外边弧线切面，注意外圈切面的弧度方向，对其面上任意一点，对建立的弧线切面进行“路径跟随”，完成桌面的制作。进行组建。

（2）以中心点为端点，用矩形命令画一个适当大小的矩形，同时以该中心点为端点复制 3 个同样大小的矩形，组成一个大矩形，以该大矩形的端点画 4 个大小一样的圆，用推拉命令进行推拉。

（3）制作两块横板：以桌脚圆心为点，建立辅助面，在辅助面上面用直线和曲线画出横板的横截面，对横截面进行推拉命令，宽度边 25mm，进行组件后移动、复制到另一边。

（4）更换观察面，建立比桌腿半径小的圆，利用推拉命令调整到与两桌腿之间适当的距离，过后选中复制到另一边。同理，更换观察面后制作另外四条横杠，制作完成后进行组建。

（5）制作过程中发现桌面大小比例不齐，重新制作桌面。

（6、7）同上制作方法，画出另外四条横杠。

（8、9）对桌腿进行旋转，确保旋转面在平面上，旋转 3 度，正视图和左视图都要进行旋转，并适当调整横档与横板。对桌子进行调整，并使用交错命令，使之看起来有真实感，隐藏辅助线、延长线、轮廓线。

图 2–43　学生虚拟表现馆藏桌子 Sketchup 模型系列

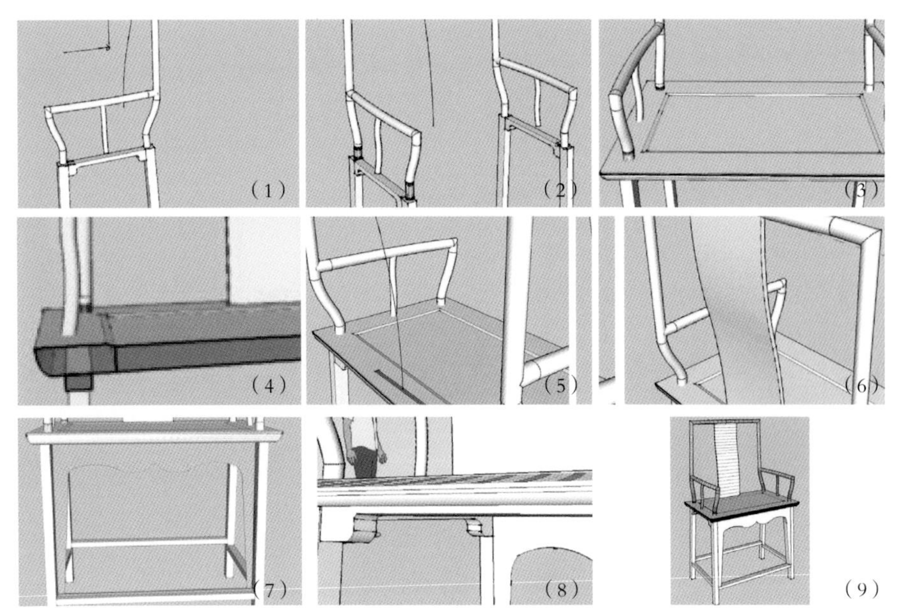

学生虚拟表现馆藏扶手椅的总结汇报（基于 Sketchup 软件）

（1）做腿与扶手：先画出一个长方体，因为椅子是对称的，在长方体的一面上画出椅子一半的轮廓线与扶手、腿截面图形，再用“路径跟随”把另一半的椅子画出来。

（2）镜像做腿与扶手：组件；按住 ctrl 键复制拖到左边；利用缩放工具将复制过来的模型进行镜像。

（3、4）做椅凳面：先把椅凳大外框长方形画出来，然后用偏移、复制出里面的小长方形；再将小长方形推拉一定的厚度；再画出椅子边框外轮廓截面图形，并利用“路径跟随”画出整个椅子的边框。

（5、6）做靠背：用弧形画出靠背走向，在路径底端画出相对尺寸的长方形，然后使用“路径跟随”命令。

（7、8）做牙板：用直线、弧线工具画出截面形状，再用推拉工具推出来。

（9）完成。

图 2-44　学生虚拟表现馆藏扶手椅 Sketchup 模型系列

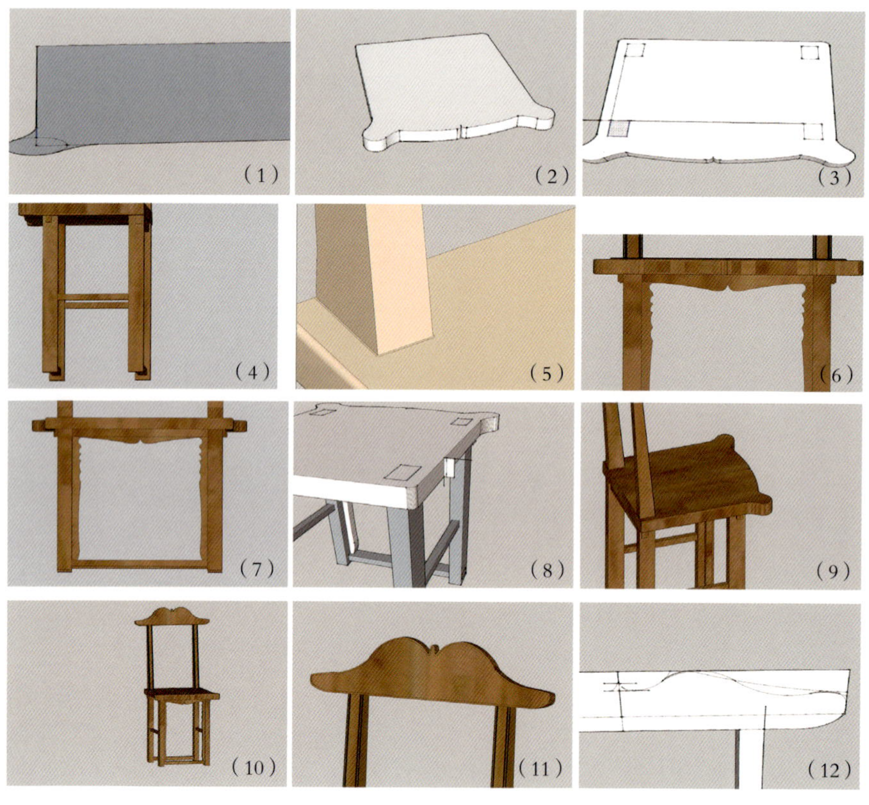

图 2-45 学生虚拟表现馆藏靠背椅 Sketchup 模型系列

学生虚拟表现馆藏靠背椅的总结汇报（基于 Sketchup 软件）

（1、2）先画一个长方形（650mm×750mm），再使用画圆工具在左边的直角那里画一个圆，用圆弧工具使圆和长方形的连接处变圆滑，再复制一个到右边，然后再删去多余的线。在中间画一段凹进去，两边凸出来的弧线，最后使用“推拉”命令，向下推 60mm。

（3）在凳面上画一个长方形，制作组件，画两条与它平行和垂直的线段，计算好长方形与边缘的宽度，在它的平行方向也要同样宽度，复制过去，形成四个大小相等的长方形。双击进去，然后使用“推拉”命令，同时选中四个，向下推。

在凳腿的二分之一位置画上矩形，制作组件，双击进去，平行复制一个到另一条腿，然后使用“推拉”命令，推到对面的腿那里为止。

（4、5）首先在凳面上画一个长方形，画两条与它平行和垂直的线段，计算好长方形与边缘的宽度，在它的平行方向也要同样宽度，复制过去，然后使用“推拉”命令，再在长方体的上面移动，使它变成斜的。在长方体短的那边画个小长方形，制作组件，双击进去，在小长方形里画一个凹槽，再复制，然后进行“路径跟随”。

（6、7）首先在凳子的两条腿中间画一个矩形，再在中点竖着画一条直线，使用“圆弧工具”，画一段线条，接着选中这个线条进行缩放命令（直接输入 −1），然后删去多余的线条，制作组件，双击进去，进行“推拉”。

在凳腿中间画一个矩形，然后制作组件，双击进去，进行左右前后的推拉，左右推拉各超过两边的凳腿 15mm 左右，前后推拉不超过凳腿，离凳腿 8mm 左右。

（8、9）首先把凳面制作组件，双击进去，在凳面的侧面画一个垂直于侧面的小长方形（截面），使用“圆弧工具”进行修改，使直角边变得圆滑，然后点截面使用“路径跟随”，绕着凳面的边缘使之达到吻合即可。

（10）在凳腿中间画一个矩形，然后制作组件，双击进去，进行左右前后的推拉，左右推拉不超过两边的凳腿，前后推拉不超过凳腿。

（11、12）由于椅背是斜的，所以要以椅背为中心重建一个坐标轴，然后画一个搭脑图形，再制作组件，双击进去，使用“推拉”，使它和椅背厚度一致，然后使用“偏移”，把偏移之后的图形往里面推 10mm。

图 2-46 三视图、剖面图与效果图综合排版

第三章　陈列馆实物虚拟化表现教学

第一节　内涵

在教学中，我们引进实际项目于课堂之中，这个项目就是“利用虚拟现实软件对陈列馆中的实物进行虚拟化表现”，也就是我们所称的“陈列馆实物虚拟化表现教学”。

1. 虚拟现实技术是传统艺术作品陈列展示的新方法

当今，虚拟现实技术日益成熟，我们可以利用三维图形生成技术、传感交互技术以及相关显示技术生成三维的虚拟空间，并可以让人们借助头盔、手套、键盘、鼠标等传感设备，进入这一虚拟空间进行生活体验，通过实时交互、感知和操作其中的各种对象，获得身临其境的体验。

当前，这一技术已与传统陈列馆相结合，可以在传统实物展示的基础上，开拓虚拟展示方式，让陈列馆的展示方式变得更加动态化，增强互动性。数字化的互联网传播超越了物理空间。虚拟现实使参观者在虚拟环境中进行如同真实世界中的各种活动，这为人们提供了一个可以在互联网中公开交流的渠道，延伸了现实展览环境。人们如果对虚拟展厅中的某件藏品感兴趣，可以通过一些传感器转变视角、放大图像、观看相关介绍。另外，虚拟现实技术也可以直接塑造出现实世界中不存在的物体和形态，如复原一些古建筑遗址等。

2. 虚拟现实技术是当代艺术设计行业中的一项设计表现技能

随着电脑、网络的出现、扩张与普及，在当今的信息化社会，无纸化艺术设计已经成为主流。无纸化艺术设计利用虚拟信息化技术，运用创造性思维来解决社会问题，它体现了生态设计观和可持续发展观。利用虚拟现实技术的艺术设计也成为一种新型服务模式和设计管理模式。可以说，虚拟表现技术已是艺术设计专业的一项必须掌握的基本技能。

3. 基于实物的陈列馆教育是民族文化的自觉实践

文化是人性的一个重要决定因素，美国人类学家 M. E. 斯皮罗认为，文化就像人的生物学特征一样，也是人性的组成部分。德国哲学家米夏埃尔・兰德曼认为，“人是文化的存在”。美国教育心理学家杰罗姆・布鲁纳在其著作《教育的文化》中指出，过去的 30 年，认知主义教育存在一些不足；教育不能离开文化，将教育简化为学校、将学校简化为课程、将课程简化为教师个体的信息处理与一些教学细节，教育的核心问题不是课程标准、考核等技术问题。他进而认为，要将教育和学校里的学习置于整个文化网络中，需将文化情景以及那些能为心灵带来形式及内容的资源都考虑进来。

艺术设计通过形态展现作品的使用功能与审美功能，反映一种社会文化心理，体现文化价值观。而陈列馆学习是一种基于陈列馆实物情境的塑造性经验，人们在这种经验中发展自身的态度、兴趣、鉴赏力、信念与价值观念。文化自觉首先是价值观自觉，需要对中国文化尤其是传统文化产生理性认识。我们认为，在艺术设计专业教育中，艺术设计教学活动除了学科结构与基本技能，还要通过传统艺术作品的实物接触与体验来建构自我，通过教学实践加强对文化传统的了解，增强文化自省能力。

4. 虚拟技术为基于实物的陈列馆教育提供了切入点

传统展示方式主要包括实物陈列、图文阐述、模型模拟。虚拟展示方式主要指的是虚拟体验式场景设计，在这种虚拟体验式场景中，人、物、环境、技术媒介之间呈现一种新型关系，人们可以远程体验。如果认为传统陈列馆是馆藏品的实体展示场所的话，那么虚拟陈列馆就是一种虚拟空间的新型互动媒介；实体陈列馆在这一虚拟空间中得到了一种延伸， 它在再现实体陈列馆的同时，又在一定程度上提升和拓展了实体陈列馆的功能。

虚拟技术既能丰富实物的展示方式，又能激发人们的学习兴趣，为艺术设计提供了新的设计理念和方式。

第二节 基本观点

1. 体验对象：实物

实物本体知识范畴主要包括物理性、历史性、文化性、背景知识，其中，物理性知识主要指形状、色彩、声音、材质、工艺等，历史性知识主要指实物所处历史阶段的政治、经济、文化等，文化性知识主要指实物所代表的文化类型、特征与价值等，背景知识主要指其制作者、年代及其用途和原因等。与实物相关的知识还包括实物的收藏、展示、传播与教育。因此，教育者需具备基于实物的综合性知识。

实物是陈列馆得以存在的基础，赋予陈列馆存在的价值和意义，实物本身所蕴含的知识是综合性的，基于陈列馆实物教学的教育者的知识能力结构必须在结合已有的实物基础上进行重建和完善。

受教育者需有感性到理性的认知方式。受教育者在陈列馆内部的认识活动都以收藏品实体为基础，陈列馆的实物的客观存在，是一种被选择了的、呈现真实历史的物质形式，实物自身的言说为我们营造的心理环境会影响我们的情感、态度、价值观与判断力。其本身具有物质的客观性、真实性、直观性和形象性，而客观性和真实性使得在陈列馆中发生的教学活动都源于人们对实物的最初身体感觉，通过体验加工获得新的认知，形成自身对事物的判断能力。另外，陈列馆的实物所代表的历史事实能够唤起人与实物之间的情感共鸣。

2. 身体体验 : 态度与氛围胜过语言内容

人身处陈列馆不仅会产生处境感，还会发出感受呼唤。1992 年，美国美学家理查德・舒斯特曼在《实用主义美学》中认为，人的身体是一个“作为感觉审美欣赏及创造性的自我塑造场所”。王晓华在《身体美学导论》中认为，“身体是生产（包括自我生产）的主体——在身体之中，我们可以发现力量、智慧、美的源泉，找到审美的出发点和归宿”。加拿大教育家范梅南认为：我们的身体所具有的技能和知识的默契或直觉的本性是通过把自己和具体情境协调起来微妙地获得的。

3. 基于实物的塑造性经验学习

对陈列馆教育“经验”特性的理解，溯源至杜威的“经验”理论。杜威认为，“不能把经验与教育直接地彼此等同起来”，“实际的经验过程和教育之间有着密切的和必要的联系”。1984 年，大卫・库伯在《体验学习：让体验成为学习和发展的源泉》一书中提出体验学习概念，他将体验学习阐释为一个“具体的体验—对体验的反思—形成抽象的概念—行动实验—具体的体验”循环过程，如此的循环形成了一个贯穿学习经历，学习者可以自动地完成反馈与调整。

在陈列馆中学习是一种“发生于个人的、社会的和物质情境中的经验”。英国“博物馆学习战略计划”认为：学习是一种主动参与到体验中的过程，它是人们想要让自己对世界有意义时所做的事情，它涉及到态度、感受、兴趣、鉴赏力、价值观、信念的改变，有效的学习能带来改变、发展与进一步学习的欲望。

第三节　教学目标

教学目标主要包括四部分：培养对传统艺术设计作品的鉴赏认知能力、掌握虚拟现实技术的相关设计软件、传承传统文化与培养专业实践综合能力。

其一，培养对陈列馆收藏品的鉴别能力与认知能力，有助于学生去伪存真、明辨是非和自主思考。其二，学习虚拟现实技术，激发学生自主学习的兴趣和动力。数字技术促进了人们具有娱乐性的社会交往，并使得人们的社交机会在虚拟与现实相混合的环境中得到极速扩展，强化了人们精神和思想的力量，使人们得以在网络中自由讨论、发表观点，这有利于促进原创设计的产生。其三，传承传统文化，以陈列馆中的实物作为表现对象，将其资源课程化开发的终极目标就是传承传统文化，总结出传统艺术设计作品中的伦理与价值的核心，进而发掘其中具有时代元素的传统伦理与价值。培养学生建构基于中国文化和社会发展需求的价值观和人文精神。其四，培养学生自主学习、分析问题、解决问题的能力，提升其解决实际项目中的专业实践综合能力。

第四节　教学方式

1. 基于具体情境的实地参观

实地参观是陈列馆资源开发与利用的最直接形式。参观者可以根据自己的兴趣与爱好积极主动地去认识和探究陈列馆中的藏品，可以潜移默化地完成知识的积累和态度的培养。同时，基于具体情境中的实地参观对学生有着长时效的影响。许多参观者多年以后还能够描述他们早期参观陈列馆时的一些细节、记忆。教师创设一些藏品的时代背景也可以深化参观者的记忆、拓展参观者的学习内容（图 3-1）。

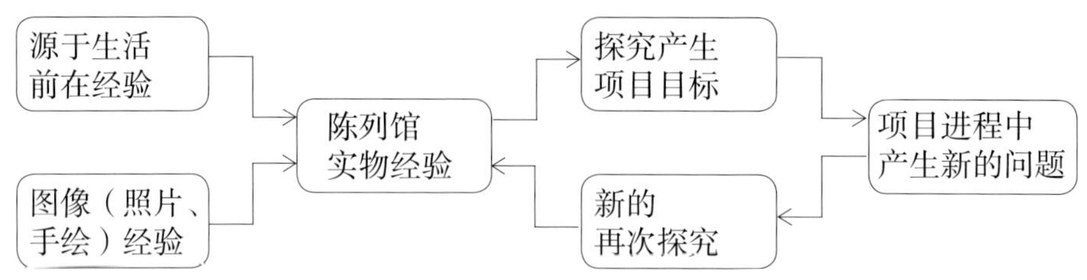

图 3–1 陈列馆实物虚拟化项目循环体验示意

在陈列馆中，通常采用说教解说模式、刺激反应行为主义模式、探索发现模式等，让学生自主学习，尽量让学生以自身心智与陈列馆环境、实物的信息不断交互并产生变化。

2．基于建构主义的项目教学

建构主义最早由瑞士心理学家皮亚杰提出。建构主义教学理论认为，学习知识不是简单地由外到内的转移和传递，而是学生在一定的情景下，借助他人的帮助，利用相关的学习资源，通过意义建构的方式而获得知识；学习知识是学习者主动建构自己知识经验的过程，也即通过新经验与原有知识经验的反复、双向相互作用来充实、丰富和改造自我的知识经验。基于建构主义的教学法以学生为中心，教师是一个引导者、指导者和组织者，学习者的主动性则是内部生成的核心动力；学习环境中的情景、协作、会话等要素的设计必须有利于充分发挥学生学习的主体性、激发学生的创新精神。建构主义教学理论坚持“动手做探究式学习”与“做中学”。

项目教学法是针对具体任务而言的，它以实际的工程项目为对象，由教师与学生共同完成并协作学习，这是典型的“做中学”，这种教学法就是以建构主义理论为指导思想的。

第五节　教学组织与设计

陈列馆实物虚拟化表现教学以具体项目为载体，一般的项目流程包括“基本软件操作命令练习”“考察实物”“实物虚拟表现”“发现实物设计问题”“讲解传统文化与设计思想”和“任务总评”等环节。为此，课程的教学组织大体可以划分为学生参观前、参观中和参观后三个阶段。参观前主要解决虚拟软件的基础技能问题；参观中主要是通过对藏品的介绍来激发学生的学习兴趣，培养鉴赏能力；参观后主要提升学生完成实际项目的专业综合能力。教师同学生一起完成客户的要求与工作，教师有时充当客户，对学生的作业提出要求；客户可以随机出现，评价相关虚拟作品。

课程与项目内容的安排则需要结合软件的特性与收藏品的类型而展开，陈列馆实物虚拟化表现教学的课程教学时间为 2 ~ 3 年。表 3-1 为陈列馆实物虚拟化表现教学课程计划，表 3-2 为陈列馆实物虚拟化表现教学项目计划。

当以实物为表现对象时，学生通过素描、摄影，以及利用电脑软件进行绘画时，引发对藏品不断深入的观察和分析；当用 Sketchup 等建模软件进行由外而内的结构设计时，引发学生对设计思想和表达意义的思考；当用 Twinmotion 等 VR 软件进行时空环境配置、人机互动时，引发学生进行将传统样式与现代设计技术相融合的展现。总体而言，基于陈列馆实物考查的项目教学法，实际上就是“利用虚拟现实软件对陈列馆中的实物进行虚拟化表现”。陈列馆实物虚拟化表现教学以“完成项目”为教学“结果目标”，以实物虚拟表现作品为主要考核依据，在完成项目进程中分步落实各项教学目标。

表 3-1 陈列馆实物虚拟化表现教学课程计划

时间	课程核心知识	表现对象	培养能力
第一年第一学期	手绘与摄影	单 ·（以局部、单个视角为主）	收集素材的平面性技能
第一年第二学期	制图与 Autocad 软件	单一物体，三个视图表现	以三视图为切入点的表现能力
第二年第一学期	材料与 Sketchup 软件	单一物体，三方位表现	以材料与色彩为切入点的表现能力
第二年第二学期	表现与 Twinmotion 软件	空间环境，综合物体	以空间关系为切入点的表现能力
第三年	交互与传感器	一体化：从物体到空间环境	综合能力

表 3-2　陈列馆实物虚拟化表现教学项目计划

项目安排	对应课程	教学内容（软件技能）	教学内容（实物鉴赏和认知能力）	教学内容（传统文化及设计思想）
直线型实物绘制项目	制图课	平面性软件 Autocad 与 Photoshop	实物三视图与纹饰（局部）	纹饰符号内涵
曲线型实物绘制项目				
简易型实物绘制项目	结构材料课	三维性软件 Sketchup 或 3dsmax	实物结构与材料	实物设计文化
复杂型实物绘制项目				
环境绘制项目	虚拟表现课	动画性软件 Twinmotion	传感器、VR 空间、实物的空间环境理解	虚拟性保护设计思想
实物摆设项目				
VR 体验项目				

总体而言，陈列馆实物虚拟化表现教学的主要特点体现为“一个行动、两个媒介”。“一个行动”指的是“利用软件技术对陈列馆的实物进行虚拟化（或数据化）”。“两个媒介”指的是“陈列馆实物媒介”与“虚拟作品媒介”。陈列馆实物不仅丰富并情感化了传统的课本、图表等教育媒介，还融通了传统多学科教学认知间的隔阂，真实世界中的实物体验与虚拟世界中的表现作品体验之间的差异与联系也推动着学生对世界的认知，从而让学生掌握鉴赏知识，掌握虚拟软件运用技能，并将传统文化融于创作之中。

第四章　陈列馆收藏品

这里收录了陈列馆部分的收藏品，如图 4-1 至图 4-136 所示。

图 4–1　明式霸王枨方桌

图 4-2　螭龙纹明式椅子

该椅子讲究稳定中求轻巧，简朴中显情趣，线形转曲有致。家具整体的尺度及各部分的比例都十分讲究实用和审美的有机统一。造型不以华取胜，不滥加装饰，偶尔施用雕饰也是以线为主，或用小面积的精致浮雕或镂雕、圆雕及线刻的方法，增加装饰性。通过以小面积的点缀与大面积的明净简洁形成鲜明的对比，利用木材本身的纹理，用宽窄、粗细、长短、深浅、凹凸及各剖面多种不同的脚线来增加家具的线条变化，取得变幻多姿、又和谐统一的效果，自然而大方。

整个器形及草龙纹饰呈现早期明式家具的特征。同时，该椅以黑色为主，红色为辅，是江南少有的明式家具之一。

图 4-3　卷云含珠纹平头案

图 4–4　双环明式椅

图 4-5　卷草纹对开式圆桌

图 4-6　木纹饰竹节边框柜

木纹漆是用器在光滑板材表面拉拽出的一种艺术效果，根据成纹材料分为水性木纹漆和油性木纹漆两大类。该柜见证了民国时期的漆艺的大变动，也是该漆艺较早时期工艺的见证。

该柜有明确纪年，即民国时期。该柜由三部分组成：上柜、下柜与底座。方便移位，彻底改变了传统家具的构件观念。

图 4-7　草龙纹窗挡板

草龙纹窗挡板局部

图 4-8 “秀”椅

家具的欧化风格始于清代中晚期。1840 年之后，外国列强相继入侵，西方文化以强大的势力进入中国沿海城市，晚清和民国的家具是在这个历史背景下发展起来的。

我们也应注意到，在当时欧化的同时对一些传统家具的继承性创新，如在本椅子木雕装饰细腻化的同时，其还保留着明式之骨但更显“华”气。

后腿与搭脑的微妙变化是该椅的主要特色，以小面积的弯构点缀改变了传统明式家具的梁架结构，由此极大地拓宽了设计结构，将视觉中心上移。

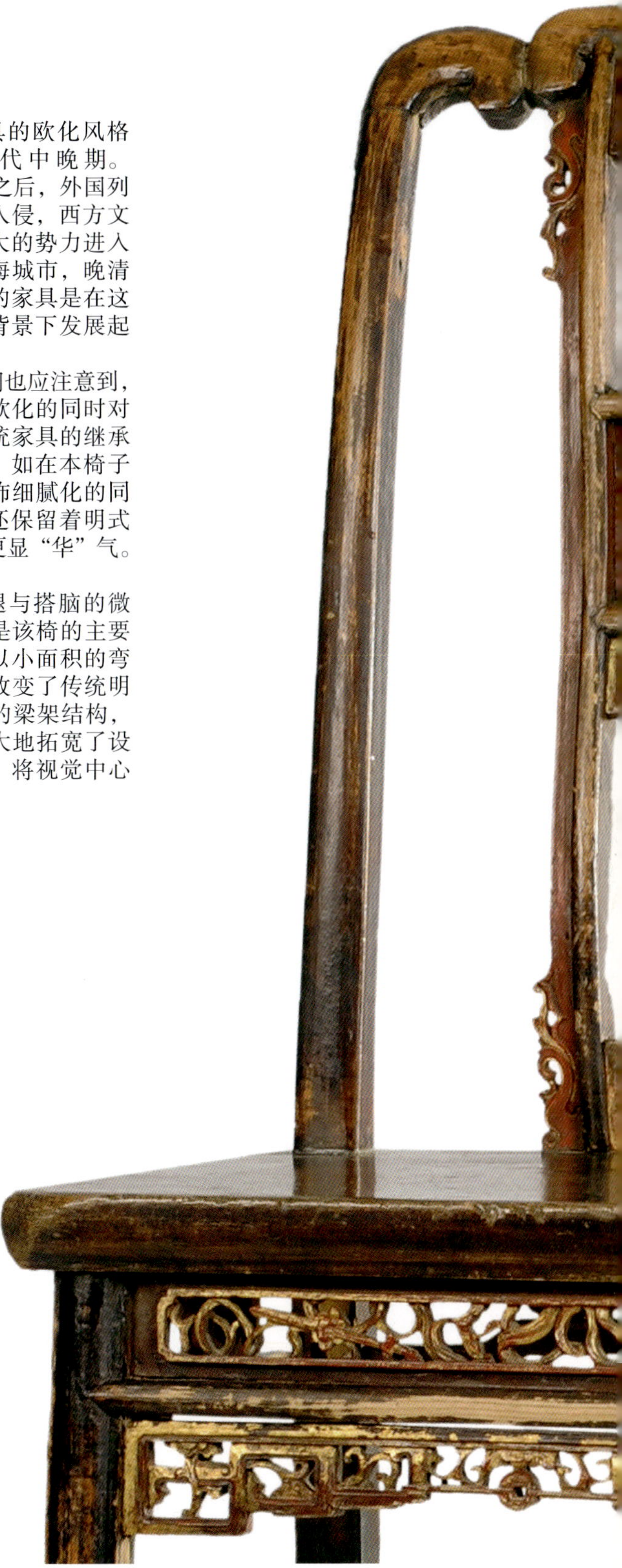

图 4-9　竹叶纹“凉”椅

南方夏天热，该椅常设于天井，为纳凉所需。

因椅具座面为纳凉所需，故采用竹编软面。此类“凉”椅常用冰裂竹节纹。

图 4-10　富贵牡丹纹抽屉桌

此桌屉面满贴雕四季花卉图案，繁花密布，掩仰有序。由于漆层甚厚，得以高下磨砻，所以纹样的轮廓圆润，叶形优雅，花形饱满。至于更细致处，则见叶脉刻痕锐利劲挺，花心点缀绵密。总体来看，有宋代耀州瓷品雕刻的味道。

图 4-11　佛轿雕花板

图 4-12　金属珠黑漆桌

该桌大漆漆厚不均，1 ~ 3mm，漆灰中有球形之物，可能是平木工具尚粗简，布漆之后，通过大小不同的丸来平漆。此现象是否就是《考工记》中的“丸漆”有待考证。同器型早见于五代王齐翰的《勘书图》。

图 4–13　小刀牙板高桌

该桌较小，但比较高，至人体腰部，形似于南宋《蕉荫击球图》中的案儿，该案儿有部分残留大漆。

在夹头榫结构发明之前，为了稳固，可以依靠四条腿之间的横枨来连接。但是这就给伏案工作带来了不便，与高型家具提高人的工作效率的初衷存在矛盾。

夹头榫的具体做法是，在四腿上端开口，嵌夹一条横木 (牙条)。在嵌夹的地方，牙条上要做出牙头，借以加长腿足与牙条的嵌夹面，使结构更加稳固。同时为了使用上的方便，案面下要留出足够大的空间以供人下肢活动所需。

明代时期发明了插肩榫，插肩榫是夹头榫的一种变样。

图 4-14　少“狮”

图 4-15　明式扶手椅

图 4-16　漏雕床围板

图 4-17　八仙诗纹靠背椅

每张椅子的靠背上分别刻有四种不同题款、字题、落款

背板芯雕有杜甫的《饮中八仙歌》：

汝阳三斗始朝天，道逢麹车口流涎，恨不移封向酒泉。
左相日兴费万钱，饮如长鲸吸百川，衔杯乐圣称避贤。

现保留下来的四张椅子的落款分别为：延卿、国佐、文山、嘉甫。

图 4-18　麟麒纹案

图 4-19　八仙桌

图 4-20　十龙纹案

图 4-21　冰裂纹茶桌

图 4-22 “康熙”三足炉

图 4-23　大漆明式椅

图 4-24　明式窗及雕花绦环板

图 4-25　明式椅

图 4-26　柳条背明式椅

图 4-27　窗花板

图 4-28　窗花芯板

图 4-29　大漆盒

图 4-30　大漆对联

图 4-31 圆角柜

图 4-32　吉祥石质圆雕

图 4-33　“飞天”香炉

图 4-34　A 形圆角柜

图 4-35　如意门

图 4-36　幸福门

图 4-37　步步高门

图 4-38　泥塑大漆关公像

图 4-39 “连喜”建筑构件

图 4-40　方胜纹窗花芯板

图 4-41 “麒麟”雀替

图 4-42　书桌

图 4-43　琴桌

图 4-44　花盘架

图 4-45　拐子纹明式椅

图 4-46　竹子纹联帮棍椅

图 4–47　架几案

架几案常作为正堂中间的供案。该案较小，应陈设在书房等一些小房间内，属文案一类。从制形来看，这是一件清中期的家具，但还保留一些明代的式样。

图 4-48　边桌

边桌的最基本形式是只有桌面造出冰盘沿，全身不用线脚装饰，圆材、直牙条、素牙头、双横枨。

图 4-49　富贵雕板

这把椅子与明清家具的审美趣味截然不同，既无明代家具的简洁又无清代家具的华贵，在它结实、厚重的整体感觉中又露出其细微的心思，粗中有细。神似南宋《孝经图》中的椅子。

图 4-50　宋式椅

图 4-51　朱红满雕盆架

图 4-52　明式小板凳

图 4-53　明式竹节纹香案

图 4-54　镜架

图 4-55　床罩面

图 4-56　明式盆架

图 4-57 大漆花果纹柜门

图 4-58　朱红书桌

图 4-59　嵌骨雕花太师椅

图 4-60　龙凤雕花梁下构件

图 4-61　牡丹亭建筑雕板

图 4-62　竹雕文字帽筒

图 4-63　卷草纹替木

图 4-64　云纹替木

图 4-65　仕女雕板

图 4-66　明式圈椅

图 4-67　圆凳

图 4-68　童车

图 4-69　清中东阳雕花板

图 4-70　雕花板

图 4-71　明末清初东阳牡丹亭雀替

图 4-72 明代花卉雀替

图 4-73　清中东阳动物雀替

图 4-74　明代动物雀替

图 4-75　清矿彩战马雀替

图 4-76　明代园林雀替

图 4-77　清晚期雀替

图 4-78　超大型雀替

图 4-79　清代花栱

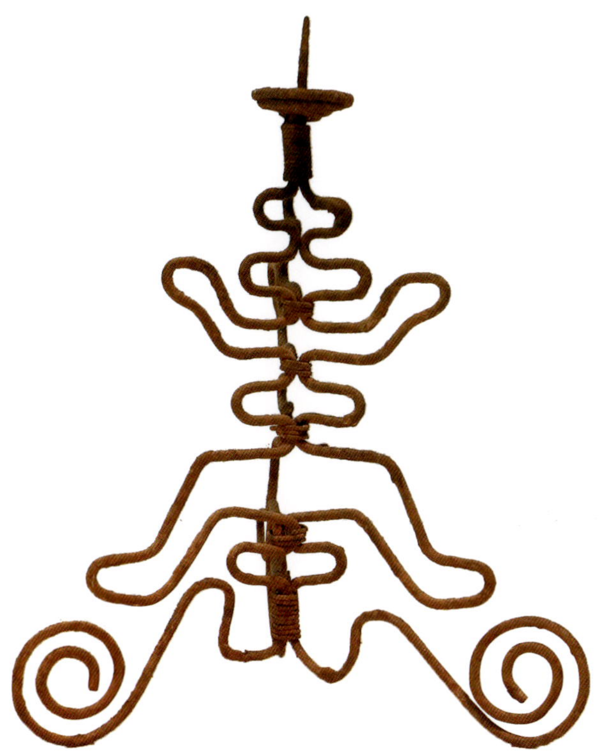

图 4–80　铁丝蜡烛台

图 4-81　家具雕漆靠背板

图 4-82　山水漆板

图 4-83　描金漆人物雕板

图 4-84　诗文漆盒

图 4-85　清初期东阳琴棋书画窗

图 4-86　清中期东阳床围板

图 4-87　清晚期床围板

图 4-88　明末清初期窗扇

图 4-89　清早期窗扇

图 4-90　清晚期窗扇

图 4-91　茶几

图 4-92　大漆桌

图 4-93　盆架

图 4-94　根艺凳

图 4-95　竹篮

图 4-96　竹雕笔筒

图 4-97　镜画架

图 4–98　戏剧雕板

图 4-99　牛腿

图 4-100　小牛腿

图 4-101　人物雕

图 4-102　随形人物雕

图 4-103　清末民初人物雕板

图 4-104　明代花卉雕板

图 4-105　砂漆雕板

图 4–106　多宝雕板

图 4–107　花鸟雕板

图 4–108 动物雕板

图 4-109　香木摆件

图 4-110　雕花竹筒

图 4-111　阴沉木摆件

图 4-112　牛腿人物（部分）

图 4-113　香筒

图 4-114　狮子镇纸

图 4-115　束腰笔筒

图 4-116　圆形砚台

图 4-117　红底黑漆雕板

图 4-118　黑底红漆雕板

图 4-119　清代戏剧雕板

图 4-120　清代动物雕板

图 4-121　戏剧人物建筑构件

图 4-122　农夫建筑构件

图 4-123　乐器

图 4-124　雕形摆件

图 4-125　石炉

图 4-126　香木炉

图 4-127　石炉

图 4-128　小牛腿

图 4-129　明代两面学士匾

图 4-130　木墩檄

图 4-131　窗拦板

图 4-132　香炉

图 4-133　明代三娘教子雕板

图 4-134　清代文王访贤雕板

图 4-135　渔景雕板

图 4-136　明代人物雕板

| 附件 |

| 参与实物虚拟化表现教学的班级与学生名单 |

（一）主要参与班级

2004 艺术设计　2005 艺术设计　2006 艺术设计　2010 艺术设计
2011 艺术设计　2013 艺术设计　2015 艺术设计　2016 艺术设计

（二）主要录入课程作业学生名单

梅川世　沈雪婷　施乐颖　许嘉心　厉若冰　徐瑜澜　忻旭东　杨雯雅
张书愷　朱鹏程　倪俊辉　李佳玲　边晓锋　叶芯菲　董佳文　管海丽
吴康杰　冯俊杰　黄微微　杨　芬　张志昀　徐高杰　陈瑶伟　姜方其
詹子怡　卢昊泽　汤尹青　黄茂亮　任文琪　付章素　叶　开　许姣姣
费佳慧　盛锦烨　谢依妮　许佳妮　王军杰　徐晓波　陈春凤　于丹莹
杨竹�　王佳玲　王立婧　陆紫荆　赵宇恒　潘嘉晨　蔡伊雪　陈异祥
高寅豪　方瑜钦　江金徽　李晨曦　金倩格　杨思淇　董国心　潘加豪
章　莹　杜雨佳　黄选静　齐　浩　姚一杰　任东金　韦华澄　陈熙集
潘柏铖　赵丹萍　余京书　李佳虹　林佳静　方鑫鑫　项思思　王娅婷
傅子纤　詹海玲　吴昕怡　莫婷婷　张德斌　许文雅　郑悦希　徐浩杰
方宝康　刘诗偲　赵钡钡　方卓颖　薛　路　潘泽端　王航照　赵益琪
黄天华　陈　凯　姜佳慧　许高峰　吴吕圣　叶茂成

（三）艺术设计工作室学生名单

张书愷　赵丹萍　董佳文　管海丽　杨　芬　卢昊泽　黄茂亮　盛锦烨
徐晓波　陈春凤　杨竹筠　王佳玲　王立婧　董国心　姚一杰　冯俊杰
薛　路　赵益琪

| 图版索引 |

图 2-1　早期陈列馆　5
图 2-2　模型实验间阶段　6
图 2-3　艺术走廊阶段　7
图 2-4　陈列展示馆阶段　8
图 2-5　陈列馆大厅　9
图 2-6　宋式风格间　10
图 2-7　明式风格间　10
图 2-8　清式风格间　11
图 2-9　民国风格间　11
图 2-10　北方风格间　12
图 2-11　礼堂区　12
图 2-12　陈列馆平面布置示意　13
图 2-13　馆藏“至元壬辰闰月”款石质飞天香炉　15
图 2-14　馆藏“天启元年”款木胎皮箱　16
图 2-15　馆藏“康熙丁丑”款木质香炉　17
图 2-16　馆藏“民国廿四年”款木纹漆大柜　18
图 2-17　馆藏清末牛腿　19
图 2-18　馆藏清初雀替　19
图 2-19　馆藏清晚期门扇雕花格芯板　20
图 2-20　馆藏明末清初门扇雕花束腰板　21
图 2-21　馆藏明式门扇　22
图 2-22　馆藏宋式家具（椅子）　23
图 2-23　馆藏明式家具（椅子）　24
图 2-24　馆藏清式家具（椅子）　24
图 2-25　法国家具设计师齐彭代尔仿中式家具　25
图 2-26　馆藏明式家具　26
图 2-27　馆藏“保我黎民”匾　27
图 2-28　明代大漆家具（连二橱）　28
图 2-29　连二橱大漆桌面　28
图 2-30　外出采风的古建筑表现　32
图 2-31　馆藏清式太师椅家具设计三视图表现　33
图 2-32　馆藏官帽椅由三维图直接转化为三视图项目　34
图 2-33　馆藏家具门制图基础三视图表现　36
图 2-34　圈椅三视图表现　37

图 2-35 馆藏清代太师椅材料工艺课程设计图纸 38
图 2-36 以馆藏方桌家具为基础的 Sketchup 效果图课程项目图纸 39
图 2-37 以馆藏官帽椅为基础的效果图课程项目图纸 40
图 2-38 以陈列馆为对象的室内设计课程项目练习图纸 41
图 2-39 以陈列馆为对象的 Twinmotion 课程项目练习图纸 43
图 2-40 以陈列馆为对象的 360° 全景图 44
图 2-41 陈列馆 VR 虚拟体验 Htv vive 45
图 2-42 陈列馆 VR 手机 VEER 平台分享 45
图 2-43 学生虚拟表现馆藏桌子 Sketchup 模型系列 46
图 2-44 学生虚拟表现馆藏扶手椅 Sketchup 模型系列 47
图 2-45 学生虚拟表现馆藏靠背椅 Sketchup 模型系列 48
图 2-46 三视图、剖面图与效果图综合排版 50
图 3-1 陈列馆实物虚拟化项目循环体验示意 56
图 4-1 明式霸王枨方桌 61
图 4-2 螭龙纹明式椅子 62
图 4-3 卷云含珠纹平头案 64
图 4-4 双环明式椅 66
图 4-5 卷草纹对开式圆桌 67
图 4-6 木纹饰竹节边框柜 68
图 4-7 草龙纹窗挡板 70
图 4-8 “秀”椅 72
图 4-9 竹叶纹“凉”椅 74
图 4-10 富贵牡丹纹抽屉桌 76
图 4-11 佛轿雕花板 77
图 4-12 金属珠黑漆桌 78
图 4-13 小刀牙板高桌 80
图 4-14 少“狮” 81
图 4-15 明式扶手椅 82
图 4-16 漏雕床围板 83
图 4-17 八仙诗纹靠背椅 84
图 4-18 麟麒纹案 86
图 4-19 八仙桌 87
图 4-20 十龙纹案 88
图 4-21 冰裂纹茶桌 90
图 4-22 “康熙”三足炉 91
图 4-23 大漆明式椅 92
图 4-24 明式窗及雕花绦环板 93
图 4-25 明式椅 94

图 4-26　柳条背明式椅　95
图 4-27　窗花板　96
图 4-28　窗花芯板 97
图 4-29　大漆盒　98
图 4-30　大漆对联 99
图 4-31　圆角柜　100
图 4-32　吉祥石质圆雕　101
图 4-33　“飞天”香炉　102
图 4-34　A 形圆角柜　103
图 4-35　如意门　104
图 4-36　幸福门　105
图 4-37　步步高门 106
图 4-38　泥塑大漆关公像　107
图 4-39　“连喜”建筑构件 108
图 4-40　方胜纹窗花芯板　109
图 4-41　“麒麟”雀替　110
图 4-42　书桌　111
图 4-43　琴桌　112
图 4-44　花盘架　113
图 4-45　拐子纹明式椅　114
图 4-46　竹子纹联帮棍椅　115
图 4-47　架几案　116
图 4-48　边桌　117
图 4-49　富贵雕板 118
图 4-50　宋式椅　119
图 4-51　朱红满雕盆架　120
图 4-52　明式小板凳　121
图 4-53　明式竹节纹香案　122
图 4-54　镜架　123
图 4-55　床罩面　124
图 4-56　明式盆架 125
图 4-57　大漆花果纹柜门　126
图 4-58　朱红书桌　127
图 4-59　嵌骨雕花太师椅　128
图 4-60　龙凤雕花梁下构件 129
图 4-61　牡丹亭建筑雕板　130
图 4-62　竹雕文字帽筒　131
图 4-63　卷草纹替木　132

图 4-64　云纹替木 133
图 4-65　仕女雕板 134
图 4-66　明式圈椅 135
图 4-67　圆凳 136
图 4-68　童车 137
图 4-69　清中东阳雕花板 138
图 4-70　雕花板 139
图 4-71　明末清初东阳牡丹亭雀替 140
图 4-72　明代花卉雀替 141
图 4-73　清中东阳动物雀替 142
图 4-74　明代动物雀替 143
图 4-75　清矿彩战马雀替 144
图 4-76　明代园林雀替 145
图 4-77　清晚期雀替 146
图 4-78　超大型雀替 147
图 4-79　清代花栱 148
图 4-80　铁丝蜡烛台 149
图 4-81　家具雕漆靠背板 150
图 4-82　山水漆板 151
图 4-83　描金漆人物雕板 152
图 4-84　诗文漆盒 153
图 4-85　清初期东阳琴棋书画窗 154
图 4-86　清中期东阳床围板 155
图 4-87　清晚期床围板 156
图 4-88　明末清初期窗扇 157
图 4-89　清早期窗扇 158
图 4-90　清晚期窗扇 159
图 4-91　茶几 160
图 4-92　大漆桌 161
图 4-93　盆架 162
图 4-94　根艺凳 163
图 4-95　竹篮 164
图 4-96　竹雕笔筒 165
图 4-97　镜画架 166
图 4-98　戏剧雕板 167
图 4-99　牛腿 168

图 4-100　小牛腿　169
图 4-101　人物雕　170
图 4-102　随形人物雕　171
图 4-103　清末民初人物雕板 172
图 4-104　明代花卉雕板　173
图 4-105　砂漆雕板　174
图 4-106　多宝雕板　175
图 4-107　花鸟雕板　176
图 4-108　动物雕板　177
图 4-109　香木摆件　178
图 4-110　雕花竹筒　179
图 4-111　阴沉木摆件　180
图 4-112　牛腿人物（部分）181
图 4-113　香筒　182
图 4-114　狮子镇纸　183
图 4-115　束腰笔筒　184
图 4-116　圆形砚台　185
图 4-117　红底黑漆雕板　186
图 4-118　黑底红漆雕板　187
图 4-119　清代戏剧雕板　188
图 4-120　清代动物雕板　189
图 4-121　戏剧人物建筑构件 190
图 4-122　农夫建筑构件　191
图 4-123　乐器　192
图 4-124　雕形摆件　193
图 4-125　石炉　194
图 4-126　香木炉　195
图 4-127　石炉　196
图 4-128　小牛腿　197
图 4-129　明代两面学士匾　198
图 4-130　木墩橡　199
图 4-131　窗拦板　200
图 4-132　香炉　201
图 4-133　明代三娘教子雕板　202
图 4-134　清代文王访贤雕板　203
图 4-135　渔景雕板　204
图 4-136　明代人物雕板　205

| 表格索引 |

表 3-1 陈列馆实物虚拟化表现教学课程计划 58

表 3-2 陈列馆实物虚拟化表现教学项目计划 59

| 参考文献 |

1. 杨玲，潘守永 . 当代西方博物馆发展态势研究 [M] . 北京：学苑出版社，2005.
2. 王晓华 . 身体美学导论 [M]. 北京：中国社会科学出版社，2016.
3. 第亚尼 . 非物质社会——后工业世界的设计、文化与技术 [M]. 滕守尧译 . 成都 : 四川人民出版社，1998.
4. 博伊兰 . 经营博物馆 [M] . 南京：译林出版社，2010.
5. 克拉夫特 . 创造力和教育的未来 : 数字时代的学习 [M] . 张恒升译 . 上海 : 华东师范大学出版社，2013.
6. 杜威 . 我们怎样思维・经验与教育 [M] . 姜文闵译 . 北京 : 人民教育出版社，2005.
7. 舒斯特曼 . 生活即审美 [M]. 北京 : 北京大学出版社，2007.
8. 吴霜影 . 物联网时代下的专题型展馆交互设计研究 [D] . 上海：东华大学， 2015.
9. 李君 . 博物馆课程资源的开发与利用研究 [D] . 长春：东北师范大学，2012.
10. 王春慧 . 美国高校博物馆专业课程设置研究 [D] . 长春：吉林大学，2009.

11. 张丽 . 数字化时代中国博物馆教育发展研究 [D] . 武汉：华中师范大学，2015.

12. 王永强 . 人文意义的建构与生成：问题导向式艺术设计教学模式的探索与实践 [D]. 北京：中央民族大学，2012.

13. 谷涛 . 体验的逻辑——现象学视野下的美术教育研究 [D] . 北京：首都师范大学，2012.

14. 张莫 . 地域文化补给：艺术院校课程资源统整研究 [D] . 重庆：西南大学，2016.

15. 宋向光 . 博物馆教育性展览的特点及相关问题 [J]. 中国博物馆，1999（3）.

16. 陈卫平 . 建构主义与博物馆教育 [J]. 中国博物馆 , 2003（6）.

17. 廖敦如 . 我的教室在博物馆：英美“馆校合作”推展及对我国的启示 [J]. 博物馆学季刊，2005，19（1）.

18. 郑奕 . 博物馆教育活动研究——观众参观博物馆前、中、后三阶段教育活动的规划与实施 [D]. 复旦大学，2012.

19. 廖婧茜 . 靳玉乐 . 美国博物馆课程的运作及启示 [J]. 全球教育展望，2016（5）.

20. 吴镝，刘平 . 博物馆资源在学生综合素质发展中的应用原则探析 [J]. 文物世界，2013（6）.

21. 李静 . 明式家具和清式家具的装饰风格比较研究 [J]. 文艺生活・文艺理论，2011（5）.